U0608551

大国工匠

郑志明

文字：覃冰

绘画：闫静静

美术指导：阿梗

广西美术出版社

目 录

这是一双什么样的手啊？

宽大，粗糙，骨节分明，满布老茧。细看，有些手指头早已被磨得平滑，辨认不出纹路了。

可就是这样一双手，数十年如一日地决胜于毫厘之间，助力中国汽车"智"造走向世界。

这双手的主人叫**郑志明**。他是一名平凡的钳工，也是一位不凡的大国工匠。

少年的梦

"冲啊，冲啊！""加油——加油——"

　　夏日的河边，杨柳低垂，水色如碧。不绝于耳的蝉鸣声中，一群孩子的叫声此起彼伏。他们站在浅水处，一双双黑亮的眼睛专注地盯着漂浮在水面的几艘小船，嘴里不断地叫喊着，手还忙不迭地舀起水往小船后泼，借用水面荡起的波浪推动小船不断向着浮标前行。

　　一阵嬉闹下，有的纸做的小船沉没了，有的迷失了方向，唯有一艘由泡沫和马达组成的小船劈波斩浪稳稳当当地冲过了终点。

　　"我赢了！我的船赢了！"郑志明高兴地跳了起来，一个猛子扎入水中，鱼儿一般蹿了过去，抓起自己的小船高高举起，稚气的脸上满是笑容。

郑志明出生于一个普通的工人家庭，父亲是个木工，干起活来特别精细。他家的所有家具都是他父亲做的，经过一遍一遍地抛光打磨后表面光滑得仿佛一面镜子。

从小看着父亲摆弄工具做出各种东西，一个念头从郑志明的脑海里萌生而出：我是不是也能自己做些小玩具？

郑志明的家境并不宽裕，全家挤在一个一房一厅的小房子里。客厅的墙角摆着一张高低床，他和哥哥就睡在那里。生活费、学费、医药费……每一分钱父母都紧着计算用途，根本没有多余的钱用来给孩子买玩具。

拿着父亲的小钢锯，郑志明吭哧吭哧地锯来拇指粗的竹子，做成了几把竹筒枪。摘下树上的小果子塞进竹筒，再把后塞一推——"子弹"发射。郑志明和伙伴们你来我往，玩得不亦乐乎。

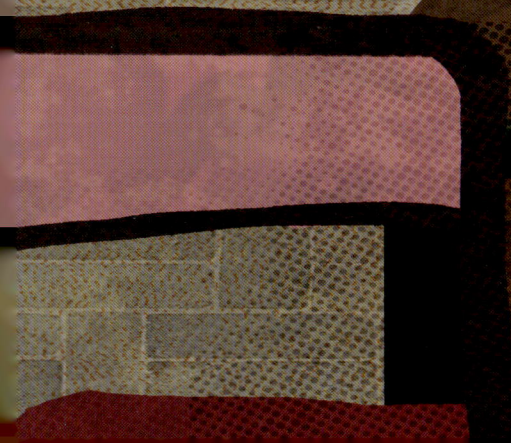

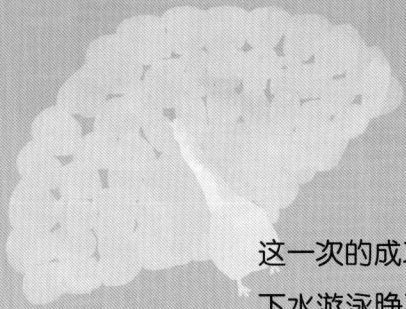

这一次的成功"研发"让郑志明从此一发不可收地迷上了自制玩具。

下水游泳睁不开眼，他就将玻璃割成圆片，再用旧轮胎将玻璃包住，做成简易的潜水镜；看电视上的游击队员拿着枪追击敌人，他就尝试着用自行车链条和铁丝、木头拼到一起做成火柴枪；羡慕大街上的汽车能到处跑，他就用从旧家电拆下来的零件加上马达，做成能跑会动的小汽车……

伙伴们啧啧称奇，羡慕不已，纷纷问他上哪弄来这么多好东西。郑志明叉起腰，骄傲地仰起小脸：这些都是我做的！

看着郑志明沉迷手工，母亲担忧地叮嘱他不要玩物丧志，荒废了学业，但父亲却十分支持他的兴趣爱好，帮助他一步步将心中的设想变成现实。小学六年级的时候，郑志明在父亲的指导下做了一只竹孔雀，将大小不一的竹子锯成薄薄的圆片，串成孔雀开屏模样参加市里的比赛，不承想竟然拿了第一名。

那天郑志明特别高兴，抱着自己的作品连吃饭都不肯撒手。母亲看得哧哧直笑，父亲则慈爱地摸着他的头夸赞他，说长大以后他一定会比现在更能干。

长大……能干……夜里，郑志明反复咀嚼着这两个词，在床上翻来覆去睡不着，闹腾得连睡在下铺的哥哥都忍不住张口询问他这是怎么了。

哥哥长他3岁，定然是要比他"见多识广"的。郑志明心想着，忍不住趴着床沿探下头去，满含期待地望向哥哥问道："哥，爸爸是个木工，那我们长大以后要做个什么工呢？"

哥哥思忖了一会，肯定地说："钳工。"

钳工是什么？小脑瓜里又被塞进了一个新词，郑志明不解极了。

"钳工是万能的！"哥哥一下兴奋起来，开始滔滔不绝地讲述。钳工的范围很广，有工具钳工、模具钳工、维修钳工、装配钳工等等，而且钳工从小到指头大的零件到大如一人高的机器，什么都能做。

郑志明听得兴致勃勃，一双圆溜溜的眼，在昏黄的灯光下亮得惊人，宛若耀眼的星星。

　　那个时候的郑志明，还不知道有一颗叫作梦想的种子，从此住进了他的心里，开始慢慢地生根发芽。

初生牛犊

直至今日，郑志明依旧记得 1997 年他第一次踏入柳州五菱汽车有限责任公司时那种半是激动半是忐忑的复杂心情。

　　这个承载了无数荣光的地方，其历史可以追溯到 1928 年。筚路蓝缕数十载，从木炭汽车到丰收 37 型拖拉机，到"飞跃"牌（后改名"柳江"牌）130 型载货汽车，到万家牌微型货车……一代代柳州汽车人，从无到有，开创了属于"广西制造"的光辉岁月。

　　1996 年，柳州五菱汽车有限责任公司成立时，全国城市乡间已普遍可见既能载人又能运货的"柳州五菱"。"五菱人"更成了这里的员工引以为傲的共同称呼。

　　"今后，我也是五菱人了……"伴随着狂乱的心跳，郑志明踏入了眼前由红砖搭建的厂房。许多他从未见过的高大机器散发着阵阵浓重的机油味，还有无数张陌生的面孔在其间忙碌穿梭。偶尔有人投过来好奇的一瞥，又立即收敛心神投入手上的工作。

　　"我会做吗？能做好吗？会不会拖别人后腿？"无数个乱糟糟的念头在郑志明脑海里反复回荡，发出比机器还要剧烈的轰鸣。

"小伙子，今后你就跟着我了。好好干！"随着话音落下，一只手拍在了郑志明的肩上。他这才恍然地回过神来，看着眼前神采焕发的老师傅，重重地点了点头。

谭林科是郑志明签定师徒协议的第一位师父。他身量不高，生得慈眉善目，平日里总是软语温言，一旦投入工作，就像换了个人似的对每一个环节的要求都一丝不苟。尽管谭林科心里明白，学徒们在学校里都学过相关知识，掌握了一定的基础技能，但在他看来，他们都还只是些毛头小子，需要好好打磨方能成器。

"多学多看，练好基本功。"这是谭林科对郑志明提出的第一个要求。

"是！师父！"郑志明握紧了拳头，响亮地回答。

从那天起，郑志明就成了谭林科的"小尾巴"，每天跟在他的身后，看他演示、跟他出活，不停地汲取着各种知识。

"师父，你做的这个叫什么？为什么要这么做？""师父，你看我这样做对吗？""师父，我有些地方不太懂。"

……

工厂里机器声很大，大多时候郑志明需得扯着嗓子请教。一天下来，师徒二人嗓子都喊哑了，只能边叫边比画着交流，然后又互相取笑对方的破锣嗓子。

在师父的带领下，一个新世界缓缓向郑志明打开了大门。郑志明这才真正发现，原来钳工的工作不是加工几个零部件那么简单，还涉及很多精细的要求，比如设备空间位置精度的要求、相对位置之间的要求，等等，这些都是以前郑志明在学校里接触不到的知识。让郑志明更为钦佩的是，师父为人不卑不亢，遇事不气馁，实战经验极为丰富，无论是小配件还是"大块头"，各种复杂的机械加工和维修任务他都能轻松完成。

有一回，车间里有一台多轴钻专机坏了，而且坏的位置很复杂，可厂里又急需这台设备在限定时间里生产产品完成订单。车间主任一听一般人搞不定，当即风一般冲进一间间厂房找人，才终于找到正带着徒弟在一台设备后面操练的谭林科。

"谭……谭师傅。我可算找到您了！我……我这边有……有个棘手的事，想请您帮忙看看。您看成吗？"看着车间主任那副明显已经急得抓心挠肝、喘得上气不接下气，语气却依然十分诚恳有礼的模样，郑志明不由得心中一动，原来钳工这么重要！

谭林科是当时厂里少有的"八级工"。20 世纪 50 年代，为了区别复杂劳动和简单劳动，我国将不同工种按技术上的差别分成若干等级，最高等级可以达到八级。我国的第一代潜艇、第一枚导弹、第一颗原子弹、第一颗航天卫星，都与"八级工"的付出分不开。曾有人盛赞说："磨机器所不能磨，锯器械所不能锯，手握一把锉刀，可锉一架航母、一片天地者，八级钳工也。"

　　初入社会的郑志明起初并不能理解"八级工"的深意，只是天真地觉得钳工的级数越高，工资就越高，从而心生羡慕。直到跟着谭林科学习，时常能看到别的车间或是工段上的机器出了问题后，对方的负责人就会跑过来十分恳切地请他的师父去"看诊把脉"，而他的师父，就像一个具有强悍判断能力的超级机器人，仅凭大脑和双手，用寻常可见的扳手、虎钳、钢锯、锉刀等工具就能解决棘手的问题，他这才真切地感受到"八级工"为什么能成为顶级工匠的代名词，其背后又需要付出多少的心血与汗水。

原本隐藏在迷雾中的前路，初现端倪。郑志明迫切地想要成为像师父那样的人，一样优秀，一样技艺精湛、受人尊重。

20多岁的小伙子血气方刚，一立下目标就铆足了劲奋起直追。可能就是因为过于急切，在一次师父终于同意让他独立作业时，郑志明出了岔子。他要加工一个零件，零件不大，工艺也不算复杂，只是需要给零件上下层都打上直径不一的孔。结果郑志明打完了上层的孔后，竟鬼使神差地忘了打下层的孔。在他拿着零件去安装的时候，杆子一顶下来，直接就把零件给顶爆了。郑志明当场呆愣，羞得满脸通红。

　　同样错愕的还有谭林科。他站在那里，笑容一点点地从脸上褪去，逐渐冷硬。

　　他板着脸将郑志明叫到车间外，极为严肃地批评了一顿。末了，他郑重其事地对郑志明说了一句话："我希望你能好好想想，如果我们加工的零件有问题，还被装配到了机器上，机器最终运行起来会产生怎样的后果！"

　　太阳明晃晃地高挂枝头，晒得四下灼烫，郑志明却觉得一阵惊惧猛袭心头，令人不寒而栗。

　　"师父，我错了。"郑志明郑重地向师父道歉，并在心里暗暗发誓，从今往后戒骄戒躁，再也不能让同样的错误发生，确保做的每一件事、每个环节都万无一失。

　　从那天起，郑志明全身心地投入工作中，每天最早一个到，最后一个走。在脑海里一遍遍地回想着师父说过的话，做过的动作，在工作台前反复地练习锉磨、钻削等技能。他的身体时常因为长期保持着弯腰的姿势，累得直不起身来。一双手被磨得起了一个又一个大血泡，他直接用针一挑，挤破，裹上个创可贴，又继续埋头苦练。

艺痴者技必良。在一个个日以继夜、苦练技艺的日子里，郑志明不仅将钳、车、刨、铣等技能都精于一身，还享受起了这种不断向自我发起挑战的过程。

　　行外人或许并不知道，有时一个看似毫不起眼的垫片，想要达到一定的精度，依赖机器是无法完成的，必须要人工干预，对它进行上百次的锉磨。

　　0.005 毫米……

　　0.003 毫米……

　　0.002 毫米……

　　郑志明不断缩短着毫厘之差，越靠近那种精度他就越开心。现如今，利用手工划线钻孔，他可以将孔的位置度误差控制在 0.02 毫米以内；手工锉削可将零件尺寸控制在 0.002 毫米以内，相当于头发丝直径的 1/40。

谭林科笑了，脸上的每一道皱纹都舒展开来，透露着欢喜。这一生他带了十几个徒弟，郑志明是他带的最后一个徒弟，也是最努力最上进的一个。于是，他悄悄地为爱徒准备了一件礼物——一把纯手工打制的金属圆规。

握着手里的圆规，郑志明仿佛看到了师父聚精会神地伏在工作台前一点一点切割、一锉一锉打磨的样子。

　　圆规画圆，不离圆心。那一刻，郑志明读懂了师父的良苦用心，而他科技报国的决心也在那一刻被彻底点亮。

小试牛刀

2007 年，一个偶发事件，按下了郑志明从制造转向"智造"的人生快进键。

这一年正值公司发展关键之年。为最终实现汽车制造做大做强，公司正积极推进以存续的汽车零部件、发动机和专用车业务与香港上市公司合资，成立柳州五菱汽车工业有限公司。

也是在这一年，公司生产的一批汽车后桥在整车总装时出现噪声过大的情况，市场抱怨不小，每天被客户退货达近百台。公司高薪聘请了许多国内外的专家，他们反复检查，却始终解决不了这个问题。在这个紧要关口，众人不约而同地想到了郑志明。

参加工作这 10 年，郑志明飞速成长，从一名学徒变成了公司特聘技师。10 年间，郑志明像打磨垫片那样不断打磨着自身，不仅掌握的技术越发纯熟，性子也越发沉稳。但有一点从未改变，就是他对于创新研发的热情。

"创新既可以帮助企业带来效益，又可以帮助人们改变生活。我何乐而不为呢？"抱着这样的想法，郑志明在工作之余，与同事一起进行了大量的生产工艺装备改进。

他设计的前轴点焊机，让原本必须得扛着 50 多公斤点焊钳干活的工人们再也不用"负重前行"；副车架焊接整线的出现，降低了工人的劳动强度，让工人们再也不用担心受到焊接弧光的辐射。

　　有一回，他到一个车间帮忙检修，一回头就看到生产现场的焊接工人正蹲在地上歪着头、
倾斜着身子焊接螺母。

　　工厂的空间相对密闭，一到夏天就像个大蒸笼，为了保护自身，焊接工人必须在高温下
穿上厚厚的防护服，戴上焊接面具作业。那四下飞溅的火花和面罩下成行淌下的汗水，让郑
志明不由地一阵揪心。他开始思考，是否能够做出一台设备代替人工手焊，让工友们能够从
这种高强度且危险的工作里摆脱出来。

　　从滑台机构到减速机构，再到控制电气系统……郑志明和同事一点点讨论、绘画、试制。
三个月后，第一台带有防护、排烟系统的后桥油箱壳放油螺母自动焊机[1]研制成功。经过试用，
机器在短短 10 秒就能完成焊接，产量和质量得到了双提升。

　　"郑师傅，你可真是帮了我们一个大忙啊！谢谢！谢谢！"工段长为此专程跑来向郑志
明道谢。一种热度，从双方交握的手上传到了心里，让郑志明忍不住跟着笑了起来。

---

[1] 这是一种焊接专用设备，可实现自动焊接汽车后桥上的螺母。因螺母为圆形，焊接走的轨迹也是圆形，一般
设计为可以一边旋转一边焊接的自动化专用设备，不需人工焊接，能提高效率、降低劳动强度。

对同事古道热肠，对工作一丝不苟，把所有困难都当成学习机会的郑志明，总能让大伙在碰到难题的时候，第一时间想到他，请他帮忙出主意，或是拉他入伙，一同攻关。

"既然别人解决不了，不如我们自己试试？"当众人聚在一起开会商议如何解决汽车后桥噪声问题时，一句石破天惊的话从郑志明嘴里脱口而出。话音落下，别说旁人，就连他自己都被自己吓了一跳。

在以往的认知里，许多人都觉得工人只需要专注自己的本职工作，设备的研发、整改等专业的问题应该交由专家或是生产商去解决。可郑志明不这么想。如果"吃饭"的工具都不好使，又怎么能好好工作呢？况且工具好不好用，工人才最有发言权。

可是，这样的经历前所未有，谁都没有接触过，就连减噪要达到一个什么样的标准，大家都像丈二和尚，摸不着头脑。

"既然市场有抱怨，那我们就暂且把它当作标准，去改进。"老师傅张金荣缓缓地开口，坚定地和郑志明站到了一起，"至于通过什么手段、什么方式方法来改进，就靠我们自己想办法了。"

就这样，厂里成立了"攻克噪声小分队"，由张金荣、郑志明等人一同寻找突破口，解决客户与返修所花费人工成本的问题。

　　张金荣是郑志明人生路上的又一位师父，有着极为丰富的项目攻坚经验，对于创新也有自己独特的见解。二人虽然不同在一个工段工作，却时常因为项目碰头。每一次合作，郑志明都将之当成宝贵的学习机会，不厌其烦地向张师傅请教，而对方也总是耐心地给予指点。这位"老将"的存在犹如一根"定海神针"，将原本有些低迷的士气，一下子提振了起来，大伙稳下心神，凝聚成合力，开始迎难而上！

汽车后桥有问题需要把汽车顶起来，钻到车底去拆，再拿回来返修。调试后桥的那段时间，郑志明等人每天都要钻到设备里去，弄得一身全是泥油。在众人的精诚合作下，第一台摸索了整整7天，众人通过模拟整车环境、修改装配工艺、改进齿轮加工工艺等方法反复试验，最终发现问题出在减速器上。减速器是一种用于降低汽车行驶速度的机械装置，位于汽车后桥中心，能控制轮子的转速和旋转力大小，让汽车在起步、加速和爬坡等不同过程中，有相应的力量和转速，能更好地发挥汽车行驶的能力。而这一回，是减速器壳体加工误差过大造成了汽车噪声。

要解决这个问题，就要对加工壳体的设备进行调试，恢复它的精度。其中高度方向就需要调整至 0.002 毫米的误差。

当时车间里很多人都认为这 0.002 毫米太精细了，调整至这个误差是不可能完成的任务。但郑志明并不气馁，依靠多年练就的技艺，凭手工将这比头发丝还细的误差一点一点地调整了回来。

与此同时，"攻克噪声小分队"经过上千次的模拟试验，不断推倒重来，成功自主研发出了减速器噪声检测设备，解决了产生汽车噪声的问题，成功将噪声发生率从 3% 的不合格率，降至 0.002%，下降了 99.9%。

工厂里响起一片欢呼声，就连当时请来的国外专家都禁不住连声赞叹，对他们竖起了大拇指。郑志明与张金荣相视一笑，忍不住互相拍了拍对方，露出了欣慰的笑容。

盘踞在公司头上多时的乌云终于散去，但萦绕在郑志明心头的那种不安却又添多了几分。

这些年，随着科技不断进步，自动化技术在现代工业中发挥着越来越重要的作用。从前，哪怕最简单的打螺栓这一工序，也需要专门配备一个人，用风枪或风动扳手对着螺栓打，打完之后再用扭力扳手进一步拧紧。现如今，只要按下机器开关，几秒就能打完一个螺栓，根本无须再用人力操作。

那么，钳工还能做些什么呢？

这是郑志明对未来的困惑，也是时代摆在所有工人面前的考题。

已是夜深，工人们早已尽数归家，唯有郑志明独自一人站在工作台前，投下被灯光拉得老长的身影。

　　将散乱在桌上的锉刀、锤子、锯子等工具一样一样拿起，他小心地擦拭干净，又依次整齐地码进工具箱。这是他每天工作之后必然会做的事，早已熟稔无比，但与往常不同的是，此刻他的大脑正在不断地高速运转。

　　要想不被取代，就要做到机器无法完成的事情。譬如，将技艺磨炼到极致，去完成那些机器做不到的精细安装和调试；再譬如——去制造机器！

　　叮！郑志明脑中仿佛响起了金属碰撞的声音，他在那个瞬间有如醍醐灌顶般茅塞顿开。

　　就这样，郑志明一脚踏进了从未涉足过的全新技术领域。

　　对于机械加工，郑志明游刃有余；对于电气自动化，郑志明需得从基础的原理学起。为了尽可能地少走弯路，郑志明多方向人请教电机转数、扭矩等方面的专业知识，还买回十几本与机器人编程等相关的专业书埋头苦学。

　　困难自然是有的，但郑志明欣然接受挑战。就像每一次面对技术难题那样，今天做不好，就明天继续做，明天还没成功，就后天接着干……无论什么事，只要不轻言放弃，肯下苦功去专研，就一定能找到突破口。有时，郑志明打开书看着看着，脑子突然一片空白，面前的文字仿佛天书，怎么样都记不住。蓄积的压力需要释放，他就选择骑自行车，让所有繁杂的思绪随着体力一同清空。直到元气恢复、头脑清晰后，才重新投入学习。

　　废寝忘食的刻苦钻研结出了丰硕的果实。那些复杂精密的机器，只要他悉心研究，悟出其中原理，基本都能够成功复刻，甚至改进得比原本的更好。

　　现如今，大到机器人工作站，小到生产工艺装备夹具，公司几乎每个生产环节都有郑志明的发明创造。

　　每每看着那一条条传送带匀速地将一个个零部件运送各处，一台台机器人在翻转腾挪间完成搬运、焊接等各种工序，郑志明心中的信念就愈加澎湃：一定要加倍努力，把中国"智造"推向世界。

赤子忠诚

五菱大厦

生在红旗下，长在春风里。郑志明从小就崇敬中国共产党，年少时看着影片里的党员为了民族存亡、人民幸福而舍生忘死、浴血奋战的场景，他的心中总是激荡着崇敬；参加工作后，身边的党员带头争先、树立榜样，将自己毕生所学无私地传授给每一位学徒，这种模范带头的榜样力量，让他对中国共产党有了更深的认识。

怀着向先进学习，为人民服务，为公司、为社会创造更多价值的信念，郑志明向党组织递交了入党申请书，并于2003年，成为一名光荣的中国共产党党员。

入党之后，郑志明更加严格地要求自己，脏活、累活、苦活，他把袖子一撸，带头先上：肮脏的油污池异味冲天，沾上了不仅极难清洗干净，干起活来那满手的滑腻更是平添了许多难度，但他毫无怨言，在周围人还犹豫的时候，他带头第一个跳下去；每到炎炎夏日，在高温作业条件下工人难免会有烦躁情绪，但他总是平心静气，第一个上，并且带领大家奋战在一线。

工友们都很喜欢郑志明。他脾气好，技术又过硬，哪怕有人指出他哪里做得不够好，他也总是默默地寻找出问题的根源，想方设法去改进，去解决，从未见他与人红过脸。而工友们对郑志明的称呼，也在不知不觉间从"郑师傅"变成了"郑老师傅"，并时常交口夸赞说："我们郑老师傅做的东西就是好使，不比那些'洋设备'差！"

每每这时，郑志明总是不好意思地挠挠头，露出一个腼腆的笑容："只要你们高兴，我就觉得高兴。"

十年磨剑，锋芒毕现。郑志明就如一柄宝剑，在日复一日、年复一年的磨砺与锤炼中，光华渐盛。

2014年，以郑志明名字命名的国家级技能大师工作室挂牌成立，专注为汽车制造业、工程机械业等制造领域方向提供高效可靠的智能制造解决方案。第二年，公司改组并更名为广西汽车集团有限公司，集团发展进入快车道。

"艰苦创业，自强不息"这八个大字，是广西汽车集团的发展基因，鞭策着所有员工时刻秉承工匠精神，反复磨炼自身，实现人生价值。而郑志明与工作室团队也数度勇挑重任，一路破解集团、国家乃至世界级的汽车制造难题。

2017 年，柳州五菱汽车工业有限公司车桥厂急需制造一条后桥壳自动化焊接生产线。可在当时，汽车后桥壳自动化焊接生产在国内还是块无人能啃的"硬骨头"，因为国内没有可借鉴学习的成功案例，而且一条完整的生产线要由机器人工作站、环焊专机等多种复杂设备组成，加上成千上万的零部件和复杂精密的工艺，实非易事。

　　亮剑的时候到了！郑志明燃起了斗志，带领团队接下了这一攻关研发的重任。

　　凭借着丰富的一线生产经验和精湛的技艺，郑志明与团队日夜攻坚，从整体布局到每个环节的设计，再到零配件加工装配，将这一庞杂的工程逐个攻破。

　　成千上万的零件，用 3D 技术一个一个画；每个零件要多大尺寸、用什么材料、采取什么工艺，一项项标注……他们像是不知疲倦的永动机，在设备的丛林里高速运转。最终，一条多种定位方式、多工艺融合的自动化焊接生产线应运而生。

　　这条生产线投产后实现 80% 的自动化，可以兼容 3 种不同产品，投产后整线每年可以节约人工成本 30 万元，而且产量提升近 12%，成为目前唯一一条国内自主研发的微型汽车后桥壳自动化焊接生产线，填补了国内空白。

　　工作室成立后，珠三角地区曾有一家公司想要挖走郑志明，听完对方报出的巨额薪资后，郑志明毫不动摇地拒绝了。他明确而坚定地告诉对方："如果说你们看中我，是因为我做出了那么一点成绩，可我的那点成绩，离不开集团的培养和团队的帮助，没有他们，我或许什么都做不好，更别提做出什么成绩了。"

　　郑志明的这番话，发自肺腑。与集团风雨相伴二十多年，他身上这套绣着五菱标识的蓝色工装，早就像他的第二层皮肤般与他血肉相连。一路走来，他看到了集团如何从羸弱走向壮大，如何从低谷冲上高峰。现在集团在装备智能制造领域还有很多新技术要攻克，他不想，更不会半途而废。

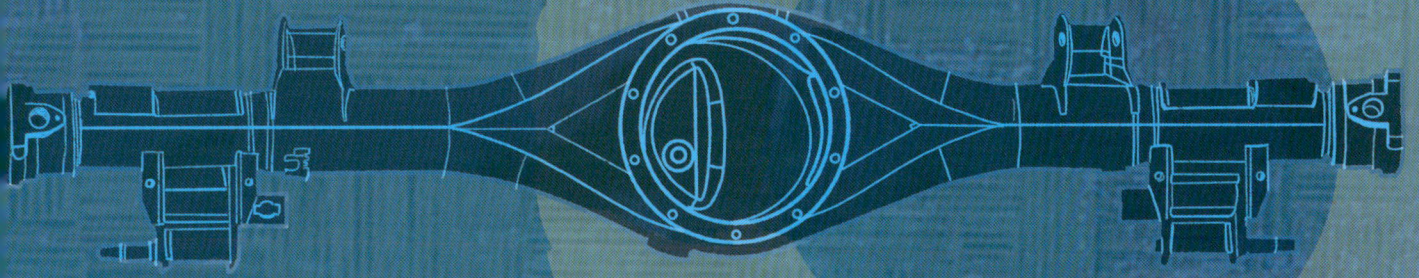

妻子对郑志明的所有选择总是一如既往地支持与包容，虽然时常也会在嘴上嗔怪他的忙碌，说机器上班的时候，他上班；机器停了，他又要去检修，可她的眉眼却总是温柔的，眼里闪着淡淡的微光。然后，轻轻地推一推他的肩，说："去吧，自己注意点。"就像2020年那场大疫来袭时，他离家的那个晚上。

那段人生中的至暗时刻，无数政企、干群逆行而上，奋战在疫情防控的各条战线上，广西汽车集团亦决定配合防疫要求转产口罩。

党员就应该干在实处，冲锋在前。得知这一消息，郑志明带领团队成员挺身而出，投入了这场跨界生产的战"疫"之中。

为了尽快研发出口罩生产设备，郑志明查阅了大量口罩生产机器图纸，并上网查看了大量的口罩生产视频，反复探索、实践。连郑志明都没想到的是，以往在他的手下，钢铁都能变成绕指柔，而今一片口罩却把他给难倒了。

薄薄一片口罩，看似结构简单，但生产工艺并不简单。每道工序按照原理操作看似没有问题，一旦串联起来，只要有一个细微的地方有所不同，立马出现偏差，以致所有的工序都会受影响。

"啊！大了！""哎——又小了！""歪了，歪了！"那段时间，工作室上空回荡得最多的就是这类呼喊。无一例外，都是因为口罩上的那几道压褶。口罩的重量很轻，非常容易跑位，一旦偏离了，褶皱的距离就会不一样，口罩的尺寸就会忽大忽小，直接影响到耳带焊接、口罩缝合等后续工序以及成品效果。

那段时间，郑志明和同事们每天早上8点钟上班，一干就干到凌晨一两点钟。有好几次调试到关键部位的时候，一抬起头天都要亮了，就径直睡在办公室的沙发上，直到别的同事来上班了，才又匆匆起身洗把脸继续投入工作中。

原料的松紧、褶皱的尺寸、耳带的焊接、鼻梁条的距离……郑志明与团队通过生产线生产样品，又通过样品反复倒推，改造生产线、调试生产工艺。

从零到有，在不到一个月的时间里，广西汽车集团首台自主研制的全自动口罩机完成调试，第一批产品正式下线，日产量达到20万个以上，有效缓解了广西口罩紧缺难题。

还没从上一个忙碌的项目里缓过劲来，集团又接到了一项紧急任务：要在 245 个小时内改造一条后尾门包边和发动机盖包边[1]的生产线。

这条生产线的技术原是由合资的日方提供并且负责实施的，十分复杂。想要在短时间内改造成柔性生产[2]120S 尾门和发动机盖包边产品的生产线，日方技术人员认为不可能完成。

二话不说，郑志明和团队再次接下了这个时间紧、任务重的项目，并在 171 个小时里完成了整个改造项目的所有工作，比原先预计的 245 个小时缩短了约 1/3 的时间，保障了 120S 尾门和发动机盖包边这两种产品的顺利生产。

峰高必有险路。郑志明国家级技能大师工作室的全体人员，就是集团的探路先锋，不断地承担起重任，为集团发展扫平一个又一个路障。

随着新能源汽车时代的到来，国内各大车企迎来了创新高峰期。核心零部件——新能源电驱桥生产设备的研发必不可少。

电驱桥和燃油车桥[3]的主减速器完全不同，传统设备工艺不能直接用，需要重新研发。郑志明及其团队再度向困难发起挑战。

---

① 后尾门就是汽车后排的门，发动机罩就是引擎盖。包边是一种工艺，就像我们穿的衣服要锁边一样，是一种工艺、一种装饰。
② 柔性生产是指能在同一条线上，根据客户需求生产出不同车型的产品。
③ 驱动汽车用汽油或柴油的是燃油车，用电能（通常是电池）的是电动车。分别装在汽车前、后两个轮子之间的轴，叫前桥和后桥，它们起到支撑整个车体和驱动轮子的作用。因为像跨过江河的大桥，所以名称里有个"桥"字，本文说的是后桥。这样，装在燃油车、电动车上的分别叫燃油车桥、电驱桥。

3 个月的日夜兼程，一次次的推倒重来，终于，他们成功了！他们研发的设备生产的电驱桥，搭载在新能源车五菱宏光 MINIEV 上，使五菱宏光 MINIEV 一经问世，就成为焦点，连续 26 个月获得中国品牌纯电汽车销量第一！

这款现象级汽车后来被日本名古屋大学的汽车研究团队拆解研究，结果不仅发现了很多颠覆性设计，更令他们大吃一惊的是：这款汽车的零件几乎全部来自中国制造，并没有日本制造的零件。

以前老一辈"五菱人"将一台日本车拆成 5500 多个零部件，手工测绘、制模，用普通机床和手工敲打，锤出驾驶室，打造出了我国第一台微型车。如今剧情反转了，中国汽车制造行业已经从"引进模仿"变成"赶超输出"。

中国共产党第二十次全国代表大会
广西壮族自治区代表团

2022 年，郑志明当选党的二十大代表，肩负光荣使命赴京参会。在习近平总书记参加广西代表团讨论时，他结合科教振兴和科技创新两大主题，向总书记汇报了五菱汽车的创新创造之路。

　　总书记在他的对面，听得很认真，不时询问相关细节。听完汇报后，总书记语重心长地说，不能瞧不起产业工人，一定要看实际贡献！我们这些年一步一个脚印，真正在添砖加瓦建设中国特色社会主义现代化强国大厦的人，他们都是值得我们尊敬的。而且我们要思考和研究怎么去培养他们、发挥他们的作用，这个才是重要的。

产业工人大有可为！郑志明壮怀激烈，他感觉自己的手心仿佛正捧着一团火，光明且灼热。而他，要将这火种播撒出去，点燃更多人心中的热忱，坚定科技创新、产业报国，用实际行动证明——中国制造从来不差！

筑梦传承

"我们国家的发展需要有更多的人参与进来，不仅要参与进来，还得有自身的技能或者技术才能实现更多的现代化和自动化。"

"党和国家留给青年人施展才干的舞台无比宽广，我们实现梦想的前景无比光明。只要学好专业知识，提高职业素养，掌握扎实的本领和技能，坚定走技能成才、技能报国之路，传承和践行工匠精神，展现新作为，就一定能够成长为高素质的技术、技能人才，担当技能报国的重任。"

…………

这两年，郑志明越发忙碌了，不仅要马不停蹄地在各个厂区、车间里奔走，还时常要前往各单位、学校进行宣讲、授课，以及接受各路媒体的采访。

同样的场景和经历，他得复述上百次；同样的技能、工艺，他要讲解、展示上千回。可郑志明从未有过一丝不耐烦。他觉得能够多告诉一个人，就能让多一个人了解汽车制造行业，了解他们正在做的事情，就能够给多一个人带来激励和帮助。

：从普通钳工到"大国工匠"

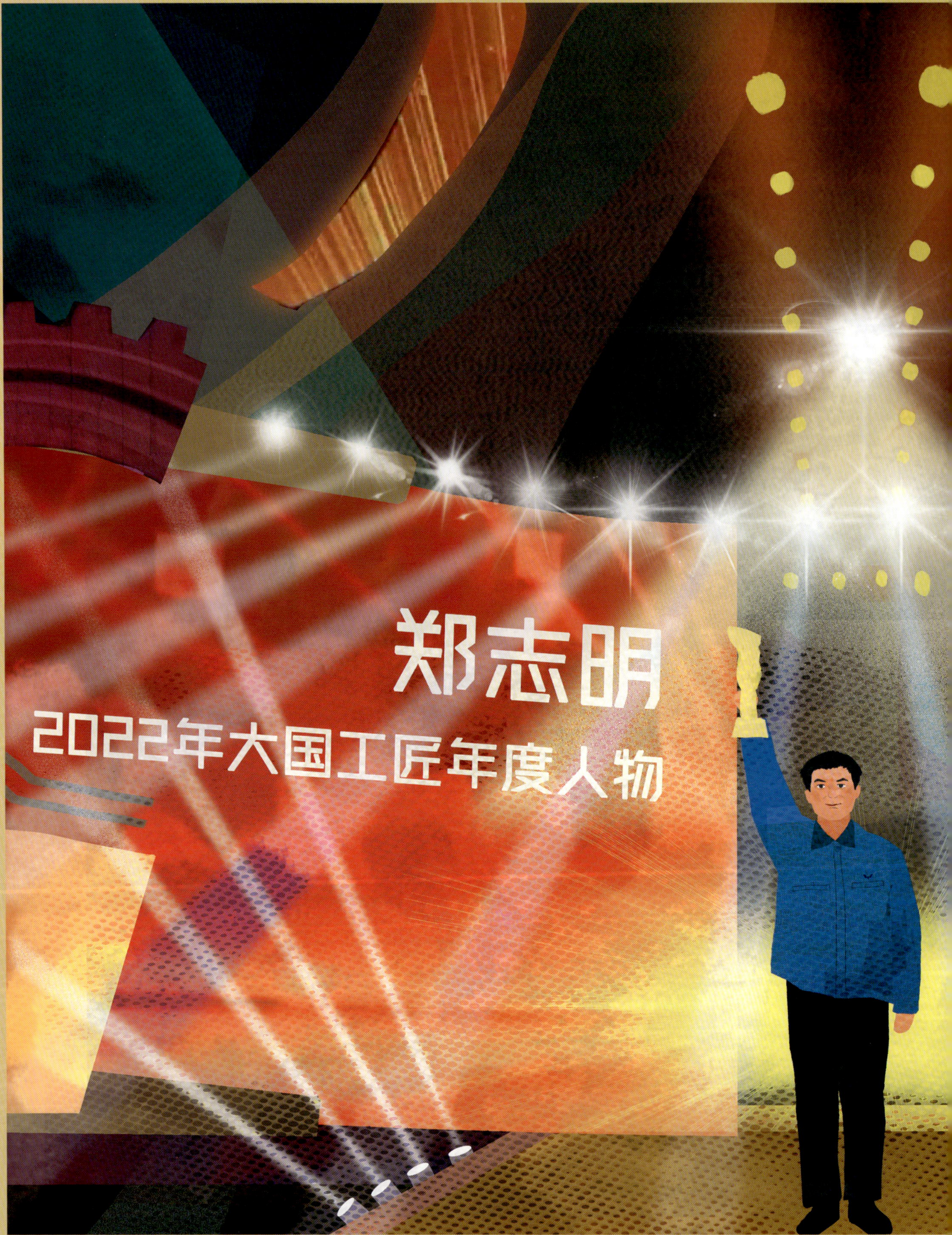
郑志明
2022年大国工匠年度人物

28 岁成为高级技师，33 岁享受国务院政府特殊津贴待遇，37 岁成为集团首席技能专家，45 岁成为大国工匠。郑志明在平凡的岗位上结出了丰硕的果实，铸就了非凡的人生，让许多人为之叹服，特别是那些听他上课的学生，看着他时满心满眼都是崇拜。

南宁市民主路小学的学生画了郑志明的画像送给他，厦门大学的学生排着队等他签名，柳州城市职业学院的学生摩拳擦掌等着和他"较量"……

2016 年，柳州城市职业学院特聘郑志明为校外专家，并引进了郑志明国家级技能大师工作室。此后，郑志明时常前往学院为学生开讲座、上实操课，通过师徒相授、经验分享的方式，帮助学生在实践锻炼中培育匠心，获得技术技能的提升。郑志明还助力学院获得国家级骨干专业1个（电气自动化技术专业）、国家级生产性实训基地1个、国家级协同创新中心1个、自治区职业教育示范特色专业及实训基地1个；合作申报各级教科研课题15个，获得专利授权2项。

每一次的实操训练课，郑志明不仅会详细地向学生讲解工件图和加工工艺，还亲自示范，来回穿梭在各式机床前，手把手地教导学生如何调整打孔的角度，如何进行精准测量，并把自己发明的"调芯钻孔法""研推修锉法"等技能和经验毫无保留地传授给学生。

柳州城市职业学院

大代表、全国劳模郑志明

有一回，一位学生在自己反复尝试锉削却始终达不到郑志明所讲的精度后，不由得有些气馁，甚至开始怀疑这其中的可信度，便跑去请郑志明当场示范。

现场顿时喧闹了起来，一群学生呼啦啦围了过来，高喊着要求"大师表演""大师来一个"。看学生们"来势汹汹"，郑志明也不恼，心里反倒升起了一丝促狭之意。年轻人敢于质疑，勇于尝试是好事，但有时候也需要"杀杀"他们的锐气。让他们切身体会一下什么叫"山外青山楼外楼"。

让那位学生当众演练一次之后，郑志明开始亲自上阵，动手示范。每做一步，他都会停顿一下，结合学生的不足进行悉心讲解。

"我们在进行锉削前，首先要了解自己拿的这把锉刀，它的形状、它的特性都会影响你锉削的结果。比如新的锉刀，刀口锋利，在锉削时力道就要轻，旧的则要反过来。"郑志明赤手拿着锉刀，右手大拇指微微用力将锉刀抵平零件，左手拇指从上方按压下去，双手配合着将零件表面一点点锉削。"锉到什么样的一个度，就是看个人的感觉。但想要达到这种'人刀合一'的地步，没有捷径，只能通过不断的练习。"

郑志明锉削了一会后，又将零件取下，用红丹粉显示剂涂抹在零件表面，在光滑的铁制平台上前后摩擦，观察哪个部分的红丹粉显示剂脱落。"你们看，红丹粉被磨掉了，说明这个地方比别的地方凸出，所以需要我们精准地针对这个地方再进行锉削。"

原本是打算让学生们通过实操弄明白自己与别人的差距在哪，才能够在不断的磨炼中"校准"自身，但上手没一会儿，郑志明就整个人沉迷了进去，开始执着于那种对精度的极致追求之中。

0.002毫米。当最终的测量结果显示出来，学生们爆发出热烈的欢呼。在郑志明示范的过程中，他们既感受到了他的亲切，又被他细致严谨的态度所折服，一个个抢着上前要跟郑志明学习锉削技术。就连最初那个有些气馁的学生都忍不住眼睛里冒出小星星，连番追问郑志明，他毕业之后能不能进到郑志明他们的大师工作室实习。

"我随时等着你们！"郑志明笑着，郑重地许下承诺。

昨天你改进了什么？

在技术创新的道路上，一个人只能做几个项目，而几十人就有可能做几百个项目。郑志明深谙其理。所以，郑志明国家级技能大师工作室在选人用人方面向来唯才是举。他们的团队中既有技艺精湛的老师傅，亦有"00后"的年轻面孔，其中还有不少是郑志明一手带出来的徒弟。

授业带徒的时候，郑志明总是尽可能地多给年轻人机会，让他们参与到项目中，或是多上手进行实操。因为只有投身到复杂多变的实践锻炼中，他们才能够加速成长为一名可以独当一面的多面手。

就像那次车间请他们去帮忙检修升降辊床一样，对方反映说每当车身从升降辊床上经过，升降辊床总会往下掉。于是，郑志明便鼓励徒弟们先去修修看。

升降辊床是一种可调高度的辊式输送机械，能通过电机驱动辊床运转，将物体从低处升至高处或将物体从高处降至低处。徒弟们到了现场，观察了很久都找不出原因，只能向郑志明求助。郑志明经过一番仔细检查，发现原因出在升降辊床下面的支撑臂上——支撑臂有细微的倾斜，导致无法完全支撑起上面的重物。依照郑志明的指点，徒弟们重新测量调整，把支撑臂调整到垂直状态，问题迎刃而解。

"师父的眼光真毒！总能看到我们看不到的东西。"徒弟们对郑志明的老到经验和临场能力赞叹不已。

"这些都是慢慢积累的。在学中做，在做中学。以后你们会比我更厉害！"郑志明肯定地说。昔年的他，正是得益于谭林科、张金荣等老一辈工匠的倾囊相授，才能走到今天。所以，他也会将从师父们那里学到的东西，一一传给徒弟们。

稍有些不同的是，以前的作业模式是人围着设备转，所以师父在带徒弟的时候，大多以针对生产线上的操作技能为主。现在时代不同了，是机器人围着设备转，这就要求工人不仅要掌握职业技能，还要不断地增强各方面的知识储备。

结合当下实际，郑志明在带徒弟的时候，除了手把手地传帮带，开展钳、铣、车、焊等工作理论和实操培训，以及机器人系统运维、机电一体化虚拟仿真应用、直线导轨安装与调试等"高精尖"培训，还鼓励学徒们积极参加各种技能竞赛，以及加入到各种大型的项目中去，并帮助他们不断地提升自己，一步一个脚印地往上突破。同时，也不忘抓紧徒弟们的思想政治教育，弘扬不怕苦、不怕累的精神，让他们树立正确的世界观、人生观和价值观。

无论严冬还是酷暑，星夜或是白昼，郑志明国家级技能大师工作室里从来不缺忙碌的身影，有的在阅读室里研究建模，有的在机器前对着图纸打孔，有的在操作台前练手，还有的围着郑志明叽叽喳喳地像一群小麻雀一样向他请教问题。

"师父，他们想在车上多加一个孔，那我们是不是要在这里调整一下？"

"我认为我们可以相应地增加一些机器人的设备。"

"我觉得这个工艺可以改进一下，减少损耗。"

…………

每一次郑志明都会认真地听取他们的意见，让他们大胆尝试，并协同他们将设想变为实践。因为，传承并不是简单的复制，而是让年轻人站在前人的肩膀上不断学习和提高。

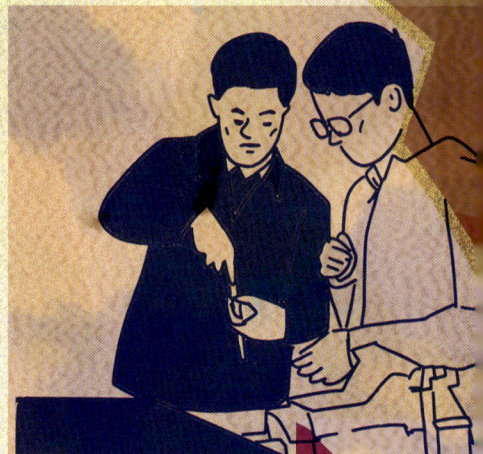

邝志明国家级技能大师工作室

"90后"的谢评周是郑志明带的第一个徒弟。自18岁参加工作那天起，他就跟着郑志明。

短短9年时间，谢评周就从一线装配钳工快速成长为国家技能类人才，荣获广西五一劳动奖章、第五届自治区道德模范等荣誉。2023年，谢评周还作为广西青年工匠代表，到北京参加了中国共产主义青年团第十九次全国代表大会。

"师父，我在你开过会的地方开会啦！"那天，谢评周兴高采烈地给郑志明发信息，同时还发了不少会场的照片与他分享。

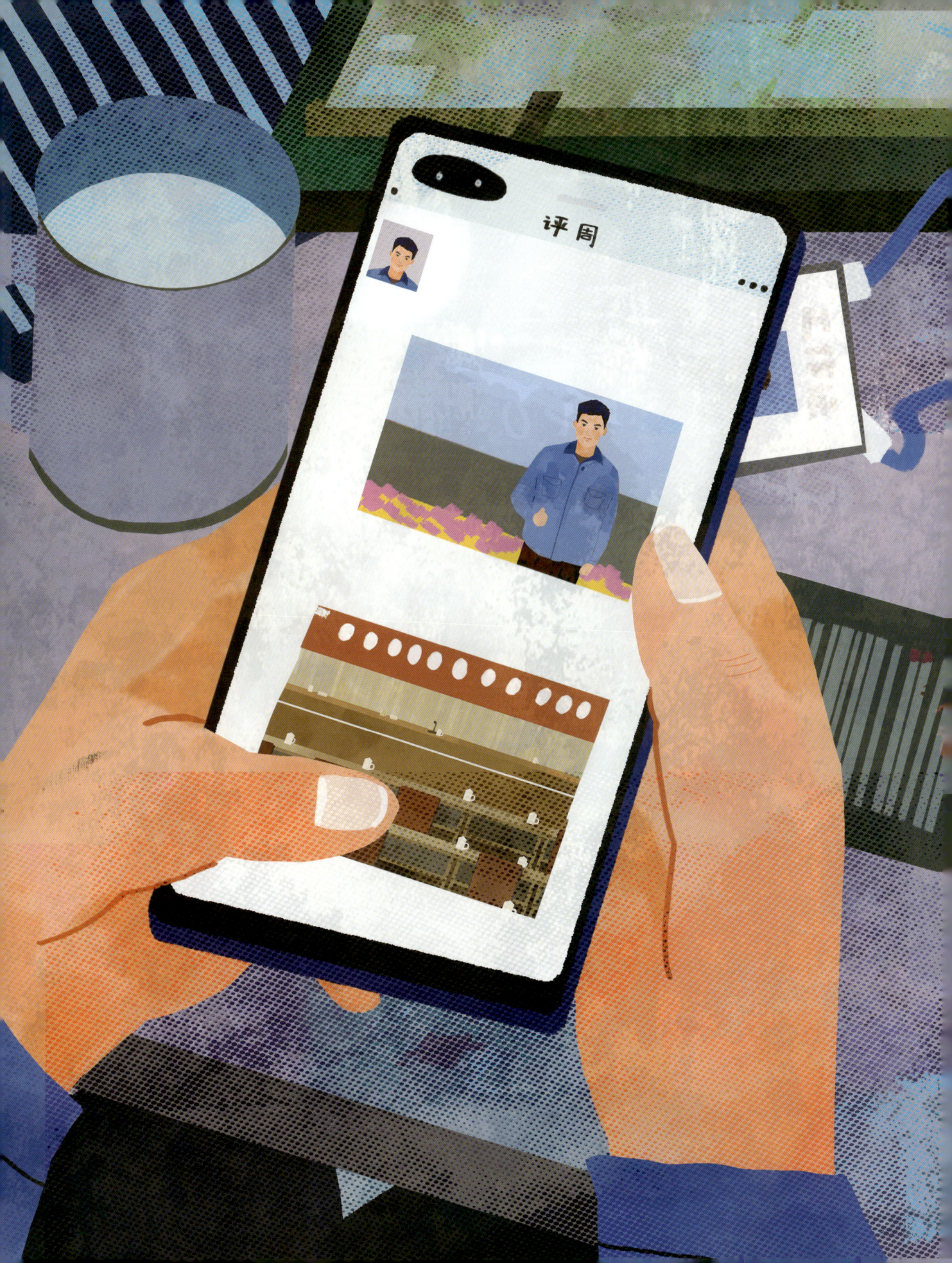

CN120S插管桥压装塞焊全工艺
自动化单元设计三维图片

郑志明一张张地查收着照片，发自内心地为徒弟感到高兴。其实不仅谢评周，近 10 年来，郑志明国家级技能大师工作室先后培养了 200 多名优秀人才。他们中有高级工、高级技师、公司特聘专家等，每一位都在朝着难题进发、向着高峰攀登，努力以科技创新之光照亮中华民族伟大复兴之路。

比起自身取得的成绩，郑志明更愿意有一天他老了之后，人们对他的称呼是"这是某某大师或是某某大国工匠的师父"。他觉得，那才是对他最大的褒奖。

回望来路，郑志明国家级技能大师工作室自 2014 年成立以来，已自主研发完成多轴自动化拧紧装配设备、各种低成本柔性单元式车身机器人自动化焊接生产线、低成本柔性新能源电驱桥产线等，共 1100 项创新项目，交付自动化工艺装备 2190 台（套），为企业直接创造经济效益近亿元。同时，工作室还积极接待大量前来参观实践的在校生，向学校提供自行设计研发制造的、用于教学的机器人工作站，为产学研深度融合不断做出贡献。

一枝独秀不是春，百花齐放春满园。郑志明深知，一人强不算强，唯有组建起一支知识型、技能型、创新型的高技能人才队伍，才能够经受得起时代大潮的考验，向着建设世界科技强国的伟大目标奋勇前进。

　　嘴角弯起一抹笑，郑志明拎起工具箱走向三尺钳台。那些年，他在钳台前练坏的工具能以吨计，现在，又有更多人站在了这个位置，心无旁骛地打磨着"中国精度"。他相信，今后会有更多的人无怨无悔地继续坚守，用手中的工具连起人民群众的生产生活，连起国家发展的进步创新，在平凡的岗位上，与时俱进攻克制造难题，伴随中国制造阔步前行。

　　"开工了！有人要和我一起练吗？"郑志明挥手大声地喊道。

　　"有！"许多声音汇成同一个音节，给出了响亮的回答。

图书在版编目（CIP）数据

大国工匠 : 郑志明 / 覃冰文字 ; 闫静静绘画 . -- 南宁 : 广西美术出版社 , 2024. 6. -- ISBN 978-7-5494 -2861-8

Ⅰ. K826.16-49

中国国家版本馆 CIP 数据核字第 20244JA851 号

大国工匠 郑志明

DAGUO GONGJIANG ZHENG ZHIMING

| 特别鸣谢 | 广西壮族自治区柳州市委宣传部 |
| | 广西汽车集团有限公司 |

文　　字	覃　冰	
绘　　画	闫静静	
美术指导	阿　梗	
出 版 人	陈　明	
终　　审	谢　冬	
图书策划	谢　冬	
项目统筹	吴　雅	
责任编辑	吴　雅	肖丽新
封面设计	谭　宇	
版式设计	陈　欢	
美术编辑	蔡向明	
责任校对	吴坤梅	韦晴媛
审　　读	陈小英	
责任印制	黄庆云	莫明杰
出版发行	广西美术出版社有限公司	
地　　址	南宁市望园路 9 号	
邮政编码	530023	
网　　址	http://www.gxmscbs.com	
印　　刷	广西民族印刷包装集团有限公司	
开　　本	889 mm × 1194 mm　1/16	
印　　张	5	
字　　数	50 千字	
版　　次	2024 年 6 月第 1 版	
印　　次	2024 年 6 月第 1 次印刷	
书　　号	ISBN 978-7-5494-2861-8	
定　　价	78.00 元	

版权所有　翻印必究